Le Lion au pays des ours

Par la violence du destin

ou par nécessité de survie,

Un lion peut être amené à naître ou vivre sur le territoire d'un ours.

Il n'en reste pas moins un lion.

Bien qu'il apprenne à se mouvoir comme un ours,

à se nourrir comme un ours,

à communiquer comme un ours,

sa nature propre reste celle d'un lion.

Au fil du temps, il deviendra père et son legs sur terre sera

" celui d'un lion au milieu des ours".

Il inspirera les lions à venir à s'adapter à de nouveaux environnements

et à survivre l'impossible,

mais surtout à ne jamais oublier sa nature propre,

à rugir d'audace

et à braver les défis.

Il s'inscrira dans la grande lignée des lions qui ont marqué leur époque,

dans la légende des grands monarques du monde animal.

À TOUS LES LIONCEAUX QUI HABITENT LA TERRE DES OURS

"chercher à être un ours est une fin vaine et sans gloire,

mais être un lion dans le monde

est une fin certaine et
enviable."

LA FIN

Ce conte est dédié à tous les hommes et toutes les femmes qui, à un moment de leur vie, se sont retrouvés loin de leur pays natal et famille, et qui ont su braver les obstacles et se reconstruire.

Printed in Great Britain
by Amazon

28597973R00016

Caro Sika est médiatrice culturelle et milite pour la justice sociale, surtout en matière migratoire. Elle est également enseignante et aspire à créer des contenus éducatifs et ludiques qui soient visuellement attrayants.

e Lion au pays des ours est un conte ourt et imaginaire basé sur l'histoire d'un on qui a quitté sa terre natale et doit adapter à un nouvel environnement. ette histoire célèbre la ténacité de outes celles et ceux qui, au cours de leur ie, ont quitté leur terre natale et famille our entreprendre le périple d'aller vers e nouvelles contrées pour un meilleur endemain.

ISBN 9798858168287

90000

9798858 168287